PRIX : 1 FRANC

LA

Dernière Cartouche

de l'ESPAGNE à CUBA

*Sténographie d'une conférence
donnée à Quito, République de l'Équateur (Sud-Amérique)*

PAR

EL AMIGO DE LA PAZ

(Traduit de l'espagnol)

(Droits réservés)

PARIS

PAUL DUPONT, ÉDITEUR

4, RUE DU BOULOI, 4

1896

La Dernière Cartouche

DE L'ESPAGNE

Ol
1356

LA

Dernière Cartouche

de l'ESPAGNE à CUBA

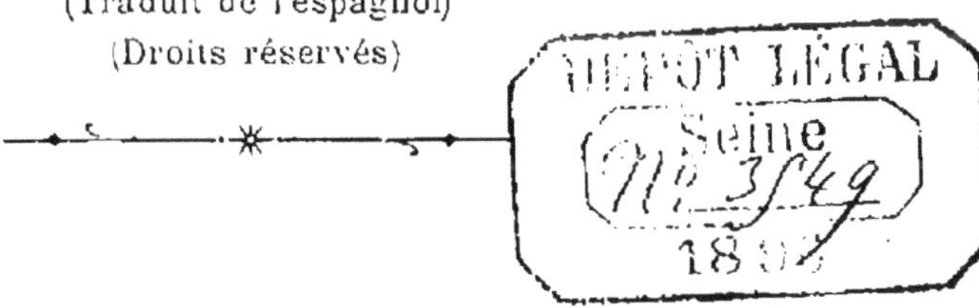

Sténographie d'une conférence
donnée à Quito, République de l'Équateur (Sud-Amérique)

PAR

EL AMIGO DE LA PAZ

(Traduit de l'espagnol)

(Droits réservés)

PARIS

PAUL DUPONT, ÉDITEUR

4, RUE DU BOULOI, 4

1896

BIBLIOTHÈQUE NATIONALE — R.F. — ESTAMPES

DÉPÔT LÉGAL Seine Nº 3549 1896

Je crois pouvoir, sans m'attirer de votre part l'accusation de me poser en prophète, vous affirmer qu'il n'y a que deux solutions possibles à la lutte suprême qui se livre en ce moment à Cuba.

Ou, l'Espagne parviendra à étouffer l'insurrection et gardera la possession de l'île,

Ou, les insurgés resteront maîtres du champ de bataille, et la conséquence nécessaire de leur triomphe sera l'indépendance de Cuba.

Si je n'avais à apporter, à Vos Seigneuries, que des prévisions de cette nature, prévisions qui ressemblent moins à des prophéties qu'à des vérités de M. de la Palisse (comme disent les Français), il y aurait eu une certaine impudeur de ma part à vous convoquer dans cette enceinte.

Heureusement pour Vos Seigneuries, pour l'Espagne et pour moi, j'ai des affirmations un peu plus suggestives à vous présenter ; oh, pas un bien grand nombre, deux seulement, les voici :

J'affirme que l'Espagne peut, à son gré, soit favoriser le triomphe de l'insurrection, soit arriver rapidement à la pacification de l'île et s'en assurer pour toujours la paisible possession.

Comme des affirmations ne sont pas des raisons et ne peuvent tenir lieu de preuves, je vais vous indiquer, aussi sommairement que possible, les moyens à employer pour obtenir l'un et l'autre de ces résultats.

Si l'Espagne tient absolument à abandonner Cuba aux insurgés, elle n'a qu'à poursuivre la marche qu'elle a adoptée depuis le commencement de la campagne.

Combler par des envois périodiques de troupes les vides faits dans les rangs du corps expéditionnaire par la fièvre jaune plus encore que par les balles ennemies.

Renouveler de temps en temps le général en chef et le gouverneur jusqu'à ce que la renommée de ses meilleurs capitaines et la popularité de ses hommes d'État les plus habiles soient irrémédiablement compromises

par les fatalités d'une situation depuis longtemps désespérée.

Répondre par des manifestations patrioti-
ques et des notes diplomatiques aux injustes
prétentions des États-Unis.

Au bout de quelques mois ou, si vous le
voulez, de quelques années de ce jeu-là, qui lui
coûte, dit-on, plus d'un million par jour, il est
bien à craindre que, malgré la constance héroï-
de son armée et la chevaleresque abnégation
de tous ses enfants, des difficultés insurmon-
tables ne s'opposent à la continuation de la
lutte ; et que l'Espagne ne doive se résigner à
abandonner pour toujours la possession de la
reine des Antilles, le dernier lambeau qui lui
restait de son immense empire colonial du
Sud-Amérique.

A moins que, entre temps, elle ait la bonne
fortune de tomber sur un ministère doué d'un
patriotisme assez éclairé, pour oser lui persua-
der qu'un grand peuple fait preuve tout à la
fois de sagesse et de magnanimité, en sachant
céder de bonne grâce ce qu'il prévoit sûrement devoir lui être arraché par la force.

Il n'y aurait, dans ce cas, qu'à consulter les
intéressés par la voie du plébiscite, afin de

ménager les susceptibilités nationales, et de bien convaincre l'Europe, que cet abandon n'est que le résultat d'une entente réciproque et librement consentie.

Mais, au fond, ces différentes solutions ne sont que des variantes d'une même catastrophe, dont le retentissement sera formidable dans les partis de l'opposition, qui, toujours à l'affût des fautes et des échecs du gouvernement, ne manqueront pas d'aggraver encore, par leurs clameurs et leurs récriminations, les conséquences de ce désastre.

Bref, il est facile, trop facile malheureusement, ainsi que Vos Seigneuries peuvent très bien s'en rendre compte, de prévoir les aventures extérieures et les complications intérieures dans lesquelles l'Espagne sera jetée par le fait de l'abandon de Cuba.

Si, au contraire, l'Espagne tient à en finir promptement avec cette horrible guerre, qui réunit les horreurs de la guerre civile à l'imprévu des expéditions lointaines ; si elle croit avoir un réel avantage à conserver pour toujours la paisible possession de Cuba, c'est beaucoup plus simple, beaucoup plus facile, il lui suffirait...

Ici, j'ouvre une parenthèse, Illustres Seigneurs, pour bien établir que je n'ai pas la naïveté de croire que mon procédé sera compris et encore moins mis à exécution ; j'ai un bien grand amour pour l'humanité en général, je porte un bien vif intérêt à l'Espagne et aux peuples du Sud-Amérique, en particulier, mais je tiens pourtant à ne pas passer pour dupe.

Si je proposais une combinaison machiavélique qui permette, à l'aide d'agissements louches et de menées ténébreuses, de faire agir des influences occultes, se prétendant, à tort ou à raison, capables de détourner le courant de l'opinion publique aux États-Unis, et de détacher de la lutte les principaux chefs de l'insurrection, j'aurais quelque chance d'être écouté.

Si je préconisais une poudre merveilleuse, affublée d'un nom impossible à prononcer, dont la formule fût entourée d'un mystère impénétrable, qui dût coûter sûrement des millions au Trésor et probablement la vie de quelques-uns des hommes employés à la fabriquer avant qu'elle pût porter la mort dans les rangs ennemis, j'aurais encore quelque chance d'être compris.

1.

Mais l'idée que je vous apporte, n'étant que la conséquence naturelle d'un fait historique du xv° siècle, ne devant coûter ni un homme, ni un écu, devant au contraire ménager la vie de beaucoup d'hommes et économiser la dépense de beaucoup d'écus ; l'idée que j'apporte enfin, étant absolument conforme au bon sens, à l'équité, à la logique, à la philosophie de l'histoire, j'ai très nettement conscience qu'elle possède toutes les conditions voulues pour n'être ni comprise, ni goûtée, ni mise en pratique ; car, ainsi que l'a si excellemment formulé Donoso-Cortés, le plus profond des philosophes, le plus éloquent des orateurs espagnols : « Entre la vérité et la raison « humaine, dit-il, depuis la prévarication « de l'homme, Dieu a mis une impérissable « répugnance et une répulsion invincible. »

Mais alors, me répondront Vos Seigneuries, pourquoi prendre la peine de nous faire connaître votre procédé et nous imposer, à nous, la peine d'en subir les explications, puisque vous êtes certain d'avance qu'il ne sera ni goûté, ni compris, ni exécuté.

Eh, mon Dieu, c'est bien simple, je le livre à la publicité pour l'acquit de ma conscience, poussé par ce besoin invincible que possède tout homme de jeter aux quatre vents du ciel une vérité qu'il croit utile à ses semblables, quand même il a la conviction qu'ils ne voudront pas en profiter.

Ceci bien établi, je ferme la parenthèse pour entrer hardiment dans le cœur de mon sujet, sans prolonger davantage ces explications préliminaires, qui nous ont déjà trop longtemps retardés.

Oui, j'affime qu'il existe pour l'Espagne un moyen, mais un seul, d'étouffer l'insurrection et de conserver pour toujours la paisible possession de Cuba, c'est tout simplement de lui rendre son gouverneur *légitime*.

Ici je m'arrête pour contempler à loisir cette expression mélangée de pitié et de dédain que je vois s'épanouir sur le visage de Vos Seigneuries et pour écouter vos réflexions que je traduis, en les adoucissant : « Mais qu'est-ce « que ce Seigneur cavalier peut bien vouloir « nous dire avec son gouverneur légitime ? A-t- « il oublié que nous sommes à la fin du xix° siè- « cle ? La Providence lui a-t-elle envoyé, « comme elle le faisait aux temps bibliques, « un de ses anges, pour lui murmurer à

« l'oreille le nom de l'homme providentiel,
« qui, par ses capacités, son caractère, son
« prestige, est le plus apte à terminer rapide-
« ment cette horrible guerre qui est comme
« une blessure béante aux flancs de l'Espa-
« gne, par laquelle s'écoulent goutte à goutte
« le meilleur de son or et le plus pur de son
« sang? »

Non, tranquillisez-vous, Illustres Seigneurs, nous ne sommes plus aux temps héroïques de l'humanité; le Créateur, pour les sociétés vieillies, n'emploie plus ces procédés primitifs dont il se sert pour l'éducation des peuples jeunes: un dicton populaire prétend qu'un homme à quarante ans, doit être son propre médecin, pourquoi? Parce qu'à cet âge chacun a pu, a dû, à l'aide de l'observation des phénomènes de son propre organisme, se constituer une science expérimentale suffisante pour se maintenir en bonne santé.

Il en est de même des sociétés; une société qui a six mille ans d'existence n'a plus besoin de ces interventions sensibles de la divinité; elle n'a qu'à étudier son passé, pour en déduire un ensemble de principes plus que suffisant pour la guider d'une façon sûre au milieu de toutes les éventualités qui peuvent se présenter.

En vertu de ce principe, c'est tout simplement, ainsi que je vous le disais en commençant, l'étude d'un petit fait historique de la fin de xvᵉ siècle, auquel jusqu'ici personne n'avait songé, qui m'a permis de déterminer, avec une précision mathématique, l'unique moyen dont l'emploi immédiat puisse garantir à l'Espagne la possession de Cuba.

Écoutez :

Le 17 avril 1492, il a été expressement stipulé entre Isabelle la Catholique et Ferdinand d'Aragon d'une part, et Christophe Colomb d'autre part, dans un traité dressé sous le nom de capitulation par le secrétaire du Cabinet Juan de Coloma, que les souverains accordaient à Christophe Colomb les titres de :

Vice-Roi,

Gouverneur général des îles et terres fermes qu'il découvrait,

Grand-Amiral de la mer Océane,

Qu'il recevrait royalement la dîme de toutes les richesses, perles, diamants, or, argent, parfums, épices, fruits et productions quelconques, découvertes ou exportées dans les régions soumises à son autorité,

Que ces dignités seraient transmissibles à perpétuité par droit d'aînesse dans sa famille.

Ah ! nous y voilà, Messeigneurs, vous voyez que sans l'intervention du messager divin nous avons trouvé le gouverneur légitime de Cuba.

Vous voyez qu'il n'y a pas dans le monde entier une légitimité plus solidement établie, plus nettement définie que celle du gouverneur que je vous signale ; car enfin, dans les familles royales les plus illustres et les plus anciennes, dans celles qui sont le plus profondément enracinées dans le sol, il ne faut jamais trop analyser l'origine du pouvoir ; elle est toujours environnée d'un nuage : nous y trouvons le plus souvent quelque chose qui ressemble furieusement à une usurpation, ou à ce qu'on appelle, par euphémisme, un coup d'État, justifié, je le veux bien, par l'incapacité des derniers représentants de la dynastie qui disparaît et ratifié par les acclamations du peuple qui salue le régime nouveau.

Au résumé, à la naissance d'un pouvoir, les facteurs sensibles du droit divin sont toujours du côté du nouveau chef : l'énergie, la décision et la chance ; et du côté des électeurs, pour parler le langage moderne, une acceptation plus ou moins spontanée, plus ou moins sincère, qui se traduit extérieurement par la mise sur le pavois.

Mais dans l'origine du droit des Colombs à la vice-royauté des Indes Occidentales, que Vos Seigneuries veuillent bien le remarquer, aucune obscurité, nulle trace d'usurpation, de de violence, ni même de surprise ; tout est précis, limpide, lumineux, empreint de la plus stricte équité.

Elle résulte de deux faits cette légitimité : d'abord, d'une convention longuement élaborée et débattue et solennellement consentie entre les souverains légitimes de l'Espagne, d'une part, et Christophe Colomb, d'autre part.

Ensuite, du fait même de la découverte, c'est-à-dire, qu'après Dieu qui a créé l'Amérique, nuls mieux que les descendants de Colomb n'ont le pouvoir et le devoir de présider à ses destinées.

Leur droit est plus qu'une légitimité, c'est en quelque sorte une paternité.

Une découverte est comme une seconde création.

Un diamant, serait-il plus beau que le Sancy ou le Régent, tant qu'il est enseveli dans les entrailles de la terre, il est absolument comme s'il n'existait pas.

Plus je scrute minutieusement tous les détails des faits et gestes de Colomb en cette période de sa vie qui précède son premier voyage, plus je suis frappé de l'importance capitale qu'il attachait à cette transmission héréditaire de ses titres et dignités, tellement qu'il avait rompu une première fois les négociations en cours avec Joam II, roi de Portugal, quoiqu'ils fussent d'accord sur tous les autres points, uniquement parce que ces promesses d'hérédité lui avaient été refusées.

Une seconde fois, les conventions arrêtées entre Isabelle la Catholique et Christophe Colomb furent sur le point d'être irrémédiablement brisées, parce que la reine, influencée par son conseil, ne pouvait se décider à lui accorder ses récompenses héréditaires.

Ainsi, vous voyez cet homme, Illustres Seigneurs, déjà au déclin de la vie, puisqu'il avait cinquante-sept ans, qui depuis dix-huit ans parcourait en mendiant toutes les cours d'Europe, à la recherche d'un chef d'État qui consentît à lui fournir les quelques ressources matérielles indispensables à la réalisation de sa découverte ;

Vous voyez cet homme, qui venait de passer six ans à la cour d'Espagne en infructueuses démarches, au moment où il rencontre enfin une souveraine qui, grâce à sa foi de chrétienne et à sa pénétration de femme, sachant pressentir son génie, met le comble aux vœux de toute sa vie, vous le voyez, sans hésitation, sans regrets, sans remords, renoncer à son entreprise plutôt que de déroger à ce qu'il pensait être de la dignité de ses droits ;

Eh bien, Illustres Seigneurs, en présence de ces faits, qui ne sont pas de la légende mais de l'histoire, ne ressort-il pas clairement pour tous les esprits droits qui voudront se donner la peine de réfléchir sans parti pris, que, pour qu'un homme de la valeur de Christophe Colomb, qui joignait l'humilité d'un saint au désintéressement d'un héros, ait exigé d'une façon si impérieuse, si constante, la reconnaissance de ses droits héréditaires, il fallait que, par une sorte d'intuition surnaturelle, il connût que la Providence lui donnait mission, non seulement de découvrir le nouveau monde, mais encore qu'à lui seul et à ses descendants, Elle donnait mission de l'administrer.

J'entends Vos Seigneuries m'objecter : Oui, au premier abord votre système paraît assez ingénieux, les arguments que vous apportez pour le soutenir paraissent assez plausibles, mais enfin, quelle garantie positive avez-vous à donner à l'Espagne des résultats merveilleux que vous prétendez attachés à la réparation de l'injustice quatre fois séculaire commise par ses rois envers Christophe Colomb, car en définitive tout l'échafaudage de votre raisonnement ne repose que sur des hypothèses et sur des appréciations empreintes d'un mysticisme qui n'a plus cours à notre époque ?

Avant de répondre directement à vos objections, ce que je suis tout disposé à faire à l'instant et dans les plus grands détails, permettez-moi, Illustres Seigneurs, de vous faire remarquer que vous êtes peut-être bien un peu exigeants ; car enfin, à tous les grands tournants de l'histoire, les initiateurs des mouvements qui ont transposé les conditions d'existence de l'humanité ont toujours dû laisser une certaine part à l'inspiration et à la confiance; à côté de la preuve qui contentait la raison, il y avait toujours l'épreuve qui inquiétait la raison, mais qui en même temps donnait satisfaction à ce besoin d'abandon, d'imprévu et de merveilleux dont le germe est au fond de toute âme humaine.

Au résumé, croyez-vous que, pour accepter le gouverneur qui lui est imposé par la logique et par l'histoire, l'Espagne ait besoin, à l'heure actuelle, d'une plus grande dose de confiance aveugle, qu'il n'en a fallu à Isabelle la Catholique, il y a quatre siècles, pour s'associer à la découverte de Colomb?

Vous hésitez à me répondre ; eh bien, écoutez, je suis plus généreux que vous ; je laisse à Vos Seigneuries tout le temps qu'elles voudront pour réfléchir à ma demande ; tandis que moi je vais répondre sur-le-champ à vos objections.

Vous me reprochiez, si j'ai bonne mémoire, de ne m'appuyer que sur des hypothèses et sur des appréciations mystiques ? Je vous l'accorde.

Maintenant répondez-moi ? L'histoire de l'Amérique du Sud, depuis sa découverte jusqu'à nos jours, sont-ce toujours des hypothèses ? Sont-ce toujours des appréciations mystiques ?

Que nous apprend cette histoire ?

Elle nous montre Colomb d'abord, son fils Don Diégo ensuite, malgré les difficultés de toute nature qui leur étaient suscitées, administrer avec sagesse, avec humanité, avec prévoyance, en un mot, en pères de famille et non en mercenaires ; sachant concilier dans une juste mesure les exigences de la colonie avec les intérêts de la métropole.

Mais sitôt que la postérité de Colomb, en la personne de son petit-fils Don Luiz, est définitivement écartée de l'administration du Sud-Amérique, les choses changent de face.

Nous voyons les conquérants de la catholique Espagne nous donner le spectacle de cruautés qui font pâlir celles des Attila, des Tamerlan et des Mahomet !

Nous les voyons, les malheureux, poussés par je ne sais quel souffle de folie, se faire un jeu d'anéantir cette race autochtone qu'ils auraient dû, à l'exemple de Colomb, par intérêt autant que par humanité, s'efforcer de conserver, de civiliser, d'inféoder à la mère patrie.

Nous voyons, chose étrange, ces arrivages réguliers de gallions chargés d'or, qui arrivaient périodiquement ravitailler l'Espagne, porter une atteinte mortelle à ses finances et à son crédit.

Nous voyons son commerce amoindri, son industrie rendue languissante par cette multiplicité de produits de toute nature qui auraient dû leur infuser une nouvelle sève, leur fournir un nouvel aliment.

Pour tout dire, en un mot, la décadence de l'Espagne commence au moment précis où les richesses du nouveau monde auraient dû, au moins, la maintenir à son rang de première puissance de l'Europe.

Que voulez-vous, Illustres Seigneurs, on a beau s'appeler Ferdinand d'Aragon ou même Charles-Quint, il n'est pas prudent de manquer de parole au Messager de la Providence, à l'homme qui, au moment marqué par la sagesse divine, s'en va réveiller, comme s'il le connaissait déjà, un continent immense, endormi depuis des milliers d'années dans les solitudes de la mer ténébreuse, et qui fidèle à ses engagements, lui, joyeusement, loyalement, en rapporte la suzeraineté aux souverains de l'Espagne qui, Eux, ne craignent pas de renier leur parole royale !

Pour Dieu, de quel front les rois pourraient-ils exiger des peuples le respect de leur pouvoir lorsqu'eux-mêmes sont les premiers à fouler aux pieds les pouvoirs qu'ils ont créés?

Mais voici qu'après trois siècles d'une possession toujours inquiète, qui n'a produit, nous l'avons vu, ni pour les colonies, ni pour la métropole les résultats auxquels on était en droit de s'attendre ; voilà qu'il s'élève un vengeur des droits méconnus de Colomb.

En 1805, de passage à Rome, sur le sommet du mont Aventin, Bolivar jura de donner l'indépendance à sa patrie.

Vous connaissez mieux que personne, Illustres Seigneurs, ces quinze années de luttes héroïques et sanglantes qui eurent pour résultat d'enlever à l'Espagne son immense empire colonial du Sud-Amérique.

Ainsi, vous voyez ces rois, qui dans leur orgueil et leur méfiance, ont repoussé le collaborateur que leur avait si clairement indiqué la Providence, dont ils avaient eux-mêmes confirmé les pouvoirs, vous les voyez dépossédés à tout jamais d'un monde qui leur avait été apporté par celui qu'ils ont renié !

Leurs successeurs ne sont plus hantés, maintenant, par le cauchemar de ce vice-roi héréditaire !

Ils n'ont plus à redouter de voir leurs profits diminués par le payement de la dîme qui leur avait été réclamée !

Mais depuis l'indépendance, l'histoire du Sud-Amérique devient encore plus instructive pour nous :

On aurait pu croire, en effet, qu'une fois délivrés des entraves de la domination espagnole; qu'une fois constitués en républiques indépendantes, où le mécanisme du droit nouveau, le suffrage universel, dût fonctionner dans toute sa perfection, on aurait pu s'attendre à voir s'ouvrir pour vos pays une ère de prospérité, qui les aurait en quelque sorte ramenés à l'âge d'or; il n'en est rien (ah, ici, pardonnez à ma franchise, mais vous sentez bien que je n'ai pas traversé les mers pour déguiser la vérité à Vos Seigneuries), et vous n'êtes pas plus heureux avec vos libertés et vos présidents, que vous ne l'étiez sous les rois et leurs tyrannies; et nous voyons, depuis trois quarts de siècle, vos régions merveilleuses les plus favorisées du globe, agitées de perpétuelles convulsions, donner au monde attristé le spectacle lamentable de l'effondrement social, de la désagrégation politique, du gâchis financier les plus complets qui se puissent imaginer.

Confirmant ainsi les paroles mémorables échappées à Bolivar aux approches de la mort : « Oui, nous avons acquis l'indépendance, « mais au prix de tous les autres biens, ceux « qui ont servi la révolution ont labouré la « mer, ce peuple est ingouvernable ».

Mais non, Libertador, il n'est pas plus ingouvernable que les autres, votre peuple, il s'agit simplement de trouver le gouvernement qui lui est approprié.

Au résumé, c'est au fruit qu'on reconnaît l'arbre ; lorsque je vois un fruit gâté, j'en conclus qu'il porte en lui un germe de corruption, de même, lorsque je vois un pays dont toutes les ressources, toutes les richesses, non seulement sont restées stériles, mais encore se sont changées en poison pour ses habitants, aussi bien que pour ses conquérants ; lorsque je vois un pays, qui, sous aucune des formes de gouvernement essayées jusqu'à ce jour, n'a pu encore trouver son centre de gravité, j'en conclus qu'il y a toujours eu un vice constitutionnel dans les gouvernements de ce pays, en un mot, qu'il n'a pas encore trouvé le gouvernement qui fût l'expression naturelle de son génie, de sa race, de son histoire, de ses tendances.

Or, ainsi que je viens de vous le démontrer logiquement d'abord, expérimentalement ensuite, il se trouve, par un bonheur inespéré, que l'Amérique du Sud est un des rares pays du monde qui puisse, sans crainte de se tromper, reconnaître le gouvernement qui seul peut lui donner la paix, la prospérité et la gloire.

Maintenant, si l'Espagne ne reçoit par l'inspiration d'employer cette « dernière cartouche » que je lui ai découverte dans ses propres archives, elle ne restera pas inutilisée pour cela.

Et nous verrons dans le Sud-Amérique, des républiques mieux avisées, dans leur générosité et leur spontanéité de peuple jeune, heureuses et fières de pouvoir réparer à leur profit le déni de justice de la monarchie, se grouper, sous l'égide des Colombs, en une fédération puissante, donnant ainsi, au monde étonné, le spectacle assez fin de siècle de républicains acquittant les dettes des rois.

C'est alors qu'avec le concours de la seule famille, jouissant par la nature toute spéciale de son prestige, du privilège unique au monde de provoquer et de maintenir votre union, sans compromettre, ni même inquiéter votre indépendance, vos populations si remarquables par leur énergie et leur intelligence, réparant le temps perdu, s'élanceront à pas de géant, dans la voie du progrès, de la liberté et de la gloire.

Ce jour-là, le problème de l'équilibre américain sera résolu.

L'avenir social politique et économique de vos admirables régions sera assuré.

L'humanité aura retrouvé le chemin du paradis perdu.

Et, détail qui peut paraître puéril après les avantages si importants que je viens d'énumérer, mais qui n'échappera pas, j'en suis sûr, ni à la perspicacité, ni au patriotisme de Vos Seigneuries, sous le haut patronage des descendants du Descubrador, l'isthme sera enfin percé à l'endroit précis où Colomb, dans son

erreur du présent, qui n'était qu'un pressenti-
ment de l'avenir, s'obstinait à vouloir trouver
le détroit qui devait aboutir au Pacifique

Comme Européen je pourrais regretter que
ce ne soit pas l'Espagne qui ait su utiliser à
son profit cette force en réserve cachée dans
son tréfonds ; mais pour le bien général de
l'humanité, il vaut peut-être mieux qu'il en
soit ainsi.

Il est certain que les Colombs, vice-présidents héréditaires des États-Unis du Sud-
Amérique, auront une influence bien plus
grande pour la paix du monde que vice-rois
espagnols d'une île de l'Atlantique, fût-elle la
reine des Antilles.

J'avais commencé par faire le sceptique, et
voilà qu'en finissant, Illustres Seigneurs, un
influx mystérieux que je ne puis définir, mais
que je sens pourtant monter de vous à moi,
me donne foi en mon idée.

Oui, j'ai confiance qu'elle est venue à son
heure, que ce ne sera pas en vain que je vous
aurai apporté, en suivant le sillage des bar-
ques de Colomb, ce fruit qui a mûri dans le
sol de la vieille Europe, j'ai confiance qu'il
sera pour vous le principe du salut ; à moins

que le nouveau monde ne soit entouré de la même atmosphère que celle qui pèse sur l'ancien, dont toujours ce prophète de malheur qui a nom Donoso-Cortès a pu dire : « qu'elle con-
« tient un poison qui ne permet à rien de bon
« de parvenir à sa maturité, où l'esprit fléchit,
« dit-il, où l'homme tombe, celui qui ne trahit
« pas sa destinée, la destinée le trahit, de telle
« sorte que nous périrons faute d'un homme
« qui ose dépasser le niveau du vulgaire ».

Se trouvera-t-il en Espagne un homme ?

Se trouvera-t-il en Amérique un peuple ?

Qui osant dépasser le niveau du vulgaire, saura se pénétrer de cet axiome :

La prépondérance de l'Amérique du Sud appartiendra aux peuples qui utiliseront à leur profit la descendance de Colomb.

C'est là le secret de l'avenir !

Malgré la fatigue que doit nécessairement faire éprouver à Vos Seigneuries l'enchaînement un peu compliqué d'idées aussi nouvelles, et qui brisent, d'une façon aussi complète, je me hâte de le reconnaître, avec le convenu et la routine, qui, malgré nos prétentions au progrès, résident toujours en maîtres incontestés dans le domaine de la science sociale.

Je n'hésite pas à m'imposer pour quelques instants encore à votre bienveillante attention, afin de pouvoir établir une certitude complète dans vos esprits, en répondant d'avance, et de façon à ne plus être obligé d'y revenir, aux objections qui pourraient se présenter à vos réflexions.

Avant tout, je vous dois un éclaircissement sur cette appellation de : *Vice-Président héréditaire*, dans laquelle je m'obstine, avec une persistance que vous devez certainement prendre pour un *lapsus linguæ*, détrompez-vous, il n'en est rien.

Afin de respecter les conditions strictes de la légitimité des Colombs, je ne puis pas trouver pour ses descendants d'autres titres qui leur conviennent.

Des termes du traité synallagmatique, passé avec la couronne de Castille, il résulte pour lui et ses descendants, non pas une suzeraineté mais une lieutenance.

Dans une monarchie, ils auraient été Vice-Rois; dans une république, ils doivent être Vice-Présidents.

Ce sera affaire à vous de trouver un Président étranger.

2.

A moins que, pour montrer que les Républiques, quand elles s'en mêlent, savent payer avec usure les dettes de la royauté, vous n'acclamiez Président le Vice-Président héréditaire.

Mais cette décision doit être réservée à la volonté souveraine de la Nation,

Pour laquelle, du reste, je me hâte de reconnaître mon incompétence et de décliner toute responsabilité.

Ma mission se bornant à tirer de l'oubli et à vous présenter les conditions essentielles du pacte authentique, que je vous ai expliqué tout au long, au début de cet entretien.

Quant au fait de l'extinction de la descendance mâle de Colomb, je ne le mentionnerai que pour bien vous prouver que j'ai tout prévu; car dans des pays où, comme en Espagne et et dans le Sud-Amérique, la loi salique n'est pas en vigueur, ce fait n'a aucune importance.

Vous allez peut-être m'opposer, ensuite, que Don Luiz, petit-fils de Christophe Colomb, reconnaissant l'impossibilité de faire valoir ses droits, contre la volonté de Charles-Quint, renonça aux titres de Vice-Roi, de Gouverneur général et aux droits résultant de ses privilèges héréditaires, pour accepter les titres de duc de Veraguas, de marquis de la Jamaï-que, accompagnés d'une pension considérable.

Cette seconde objection, plus spécieuse au premier abord, ne résiste pas à un examen attentif.

Le chef d'une famille historique ne peut engager ses descendants par sa renonciation personnelle à des droits héréditaires.

Un souverain peut abdiquer pour son propre compte, mais il ne peut entraîner sa postérité dans son abdication.

Une famille historique ne s'appartient pas, elle est l'esclave de sa mission.

Enfin, nous arrivons à l'objection maîtresse, que ceux d'entre vous qui ne sont pas encore convaincus tiennent en réserve avec un soin jaloux, la considérant, eux aussi, comme leur « dernière cartouche » avec laquelle ils pour-ront saper par la base tout l'édifice de mon système :

« Vous connaissez, sans aucun doute, les
« descendants de Christophe Colomb ? me
« diront-ils. Vous avez des données sérieuses
« sur leur valeur morale et intellectuelle ?

« Ils ont certainement déjà donné la mesure
« de leurs capacités, dans la guerre et dans
« l'administration !

« En un mot, ils présentent toutes les ga-
« ranties qu'ils seront à la hauteur de la situa-
« tion éminente que vous les croyez appelés à
« occuper ? »

Oh ! je vous en supplie, arrêtez-vous ; vous
m'en avez déjà demandé beaucoup plus long
que je ne puis vous en dire.

Car malheureusement, ou plutôt heureusement, je dois vous avouer, pour être sincère,
que je ne les connais pas, ou du moins que je
les connais juste assez pour savoir qu'ils exis-
tent, et je ne crains pas d'ajouter qu'il serait
bien regrettable qu'il en fût autrement, car
vous pourriez alors me soupçonner, à bon droit,
d'être le défenseur d'une cause d'intérêt privé
alors que je suis le champion d'une cause d'intérêt général.

Et puisque nous sommes en passe de franchise, je vais vous découvrir toute ma pensée.

Pour eux, assurément, je désirerais qu'ils
eussent toutes les qualités du cœur et de l'esprit
qui font les héros.

Mais pour moi, ou plutôt pour la démonstration de ma théorie, pour l'expérimentation de mon système, il serait à souhaiter qu'ils fussent au-dessous du médiocre!

Cette façon d'envisager la question doit vous paraître étrange au premier abord, j'en suis certain.

Mais, veuillez donc, afin que je puisse achever de répondre, d'une façon qui vous satisfasse complètement, à vos nombreuses et insidieuses questions, veuillez donc me permettre de vous en poser une à mon tour, oh, une seule et la dernière, je vous le promets.

Dites-moi, Illustres Seigneurs,

Voyez-vous en Espagne,

Voyez-vous dans le Sud-Amérique,

Une réserve de grands hommes, dans laquelle vous n'avez qu'à puiser, de façon à en spécialiser un à chacune des difficultés graves qui viennent à surgir dans votre vie nationale?

Vous avez des dilettantes.

Vous avez des virtuoses en politique, en stratégie et surtout en joutes oratoires; mais des vrais grands hommes, dans toute l'acceptation du mot, où sont-ils? Voyons.

L'heure est solennelle!

Le temps presse!

Je vous en conjure, montrez-les-nous, vos grands hommes?

Hélas! vous gardez le silence et je le comprends :

Car, si vous aviez des grands hommes, vous Espagnols, vous n'auriez pas laissé la question Cubaine, pour ne m'attacher qu'à un fait particulier de votre histoire contemporaine, en arriver à ce degré d'acuité où nous la voyons aujourd'hui, ou le moyen de la résoudre à votre avantage aurait été trouvé depuis longtemps.

Et vous, libres citoyens des libres républiques du Sud-Amérique, si vous aviez de vrais grands hommes, ils seraient parvenus depuis longtemps à mettre un terme à cette instabilité politique dont vous mourez depuis trois quarts de siècle, et qui réduit à néant toutes les richesses si prodigieuses de votre sol, toutes les qualités si brillantes de votre race.

Ni les uns, ni les autres, vous n'avez donc de grands hommes, c'est entendu!

Qu'il n'y ait donc pas d'équivoque, moi non plus, ce n'est pas un grand homme, dont j'ai la prétention de vous assurer la propriété, c'est plus qu'un grand homme, c'est un principe (car les grands hommes passent, mais les principes restent).

Je vous apporte le principe de la *transmission du pouvoir par l'hérédité*, c'est-à-dire le *grand homme éternisé*.

Oh! j'aperçois le républicanisme si ombrageux de Vos Seigneuries se cabrer au simple énoncé de ce principe!

Oh! je sens bien que ces mots de « pouvoir héréditaire » doivent produire l'effet d'une dissonance sur vos oreilles démocratiques.

Mais veuillez me permettre de développer ma pensée jusqu'au bout, vous serez libres ensuite de me dévouer aux dieux infernaux, je vous promets de ne pas me dérober à vos anathèmes.

L'histoire nous apprend que les peuples ne sont jamais arrivés, je ne dis pas à la gloire, mais simplement à un état durable de prospérité et de paix, que par le fait de deux sortes d'agents :

Des grands hommes !

Des grandes familles !

Des grands hommes, c'est inutile de chercher à nous faire illusion, nous sommes bien convenus, n'est-ce pas, que pour le moment, ni les uns, ni les autres nous n'en avons sous la main ; à leur défaut, je vous découvre une grande famille, qui est vôtre depuis quatre siècles ; qu'une puissance supérieure vous a arrachée ; mais que vous pouvez vous inféoder de nouveau, maintenant que vous n'êtes plus en tutelle, par le simple accomplissement d'un devoir de justice.

Contemplez-la cette grande famille, perpétuée spécialement pour vous à travers toutes les vicissitudes qui ont dû l'assaillir pendant les quatre siècles qui la séparent de son fondateur, et voyez bien s'il ne serait pas imprudent de votre part de la négliger, dans l'attente d'un grand homme qui ne viendra peut-être jamais !

Car, remarquez-le bien, si les Dieux avaient voulu faire descendre leur tonnerre toutes les fois que les prêtres auraient eu à allumer le bûcher, pour les besoins du sacrifice, l'entretien du feu sacré n'aurait pas été confié aux Vestales, au prix de leur vie.

De même pour assurer le fonctionnement régulier de la vie des peuples, le Créateur ne prend pas la peine d'envoyer à un homme l'étincelle du génie pour chacune des phases décisives de leur existence.

Non, il n'entre pas dans les procédés habituels de la Providence de faire ainsi marcher le monde à coups d'exceptions.

Seulement, à la suite de grandes catastrophes, à ces époques de calme et d'apaisement, où l'âme de la nation, encore toute meurtrie et désemparée, flotte solitaire et indécise, au hasard de toutes les aventures, à la merci de toutes les ambitions ; voilà que tout à coup elle se laisse séduire par l'héroïsme et le dévouement d'un grand homme, finit par contracter avec lui des noces mystiques, qui lui permettent d'incarner pour jamais dans sa postérité, son génie, sa nationalité, son indépendance, son patriotisme.

Cette union entre la famille gouvernante et le peuple gouverné devrait être indissoluble théoriquement, quoique dans la pratique, l'imprévu des événements, avec lequel il faut toujours compter dans les choses humaines, puisse arriver à la détruire.

Car, dans ce monde, les collectivités pas plus que les individus ne sont confinés d'une façon absolue dans le bien.

Un peuple, en punition de ses prévarications antérieures, peut être amené à briser le lien qui l'unissait à cette famille.

Cette famille de son côté, par une série de manquements graves à ses devoirs d'état, peut arriver à perdre l'investiture mystérieuse en vertu de laquelle elle avait le pouvoir de gouverner.

En tant que particuliers, les Colombs doivent avoir eu des défaillances.

Car enfin vous ne pouvez raisonnablement pas exiger que les membres des dix ou quinze générations, qui se sont succédé depuis Colomb jusqu'à nos jours, se soient comporportés comme s'ils eussent joui de tous les privilèges, de toutes les immunités spéciales aux corps glorieux !

Quoique les descendants d'un grand homme, ils étaient pourtant les descendants d'un homme et, comme tels, sujets à la faim, à la soif, à la douleur, à la concupiscence et à la mort.

Que la famille qui a su traverser quatre siècles sans qu'aucun de ses membres n'ait payé son tribut aux faiblesses de l'humanité lui jette la première pierre !

N'oubliez pas, qu'il est de la plus élémentaire justice de lui appliquer plus qu'à toute autre le bénéfice d'excuses toutes spéciales.

Par le fait de circonstances indépendantes de sa volonté, elle s'est trouvée jetée hors de sa voie, maintenue hors de sa vocation, au résumé, on l'a déclassée.

Quelle pourrait être, je le demande à Vos Seigneuries, quelle pourrait être l'attitude d'une volée d'aiglons, nés pour planer au plus haut des airs, au milieu de la foudre et des tempêtes, et pour affronter le soleil, s'ils étaient condamnés à vivre dans une volière ?

Christophe Colomb, chez qui l'intensité de la vie cérébrale avait été poussée à la plus haute puissance, a certainement dû transmettre à ses descendants un besoin d'activité, une outrance de vitalité, qui devaient les rendre mal à l'aise dans la vie étroite et prosaïque de simples particuliers.

Du reste, comme gouvernants, et c'est là pour nous le point essentiel, comme gouvernants ils n'ont pu manquer à leur mission, puisque depuis Don Diego ils n'ont jamais eu entre leurs mains l'exercice effectif du pouvoir.

C'est même la grande supériorité de cette famille sur toutes les autres familles de gouvernement, c'est qu'elle a en quelque sorte la virginité du pouvoir tout en étant marquée des signes providentiels, indiquant qu'elle a la propriété, la vocation du pouvoir.

C'est là, précisément, le grand mérite de ce système de la transmission du pouvoir par l'hérédité, c'est de communiquer à celui qui en est investi un caractère spécial, en plus et au-dessus de sa nature propre.

Il y a pour ainsi dire deux natures dans une seule personne :

L'homme social, qui est infaillible puisqu'il n'est que l'incarnation de la volonté générale de la société, qui est elle-même infaillible dans ses manifestations ;

L'homme privé, qui peut être plus ou moins intelligent, plus ou moins vertueux, mais qui, du plus au moins, reste toujours soumis à toutes les faiblesses, à toutes les défaillances inhérentes à l'humanité.

Vous comprenez maintenant, j'en suis certain, dans quels sens je vous affirmais tout à l'heure que, pour soumettre mon principe à une épreuve décisive, j'aurais désiré que les représentants actuels de la famille de Colomb fussent au-dessous du médiocre.

S'ils sont des hommes de grande valeur, on ne manquera pas d'attribuer à leur mérite personnel les résultats merveilleux de leur réintégration dans la place qui leur appartient.

Si, au contraire, ils se trouvent dans la petite moyenne de l'humanité, on sera bien forcé de reconnaître que c'est la vertu du principe qui opère en leur personne.

Les champions du pouvoir héréditaire nous disent :

« Dans le pouvoir électif, ce sont les hommes « qui choisissent.

« Dans le pouvoir héréditaire, c'est Dieu qui « choisit. »

J'ai une trop haute idée du bon goût de Vos Seigneuries, pour supposer qu'elles puissent hésiter un seul instant entre ces deux catégories d'électeurs !

Et il me semble, Illustres Seigneurs, que dans des conjonctures aussi graves que celles que vous traversez, l'indépendance de votre caractère, la sincérité de vos convictions, l'abnégation de votre patriotisme vous imposent le devoir impérieux de mettre enfin à l'épreuve, pour vos pays, le flair d'électeur de la Providence.

Vous allez me répondre que dans nos pays d'Europe, depuis un siècle, l'ancienne infaillibilité de ce flair paraît avoir subi une bien profonde altération.

Je ne saurais partager votre opinion à cet égard.

La Providence n'a rien perdu de sa lucidité d'électeur, croyez-le bien, ce sont les peuples qui ont exigé sa radiation des listes électorales.

Et je persiste à croire que son candidat perpétuel, ce vieux tronc du pouvoir héréditaire, qui pendant quatorze siècles a abrité de son ombre protectrice les peuples de l'ancien Continent dans toutes les phases de leur existence, transplanté du sol usé de notre vieille Europe dans les terrains vierges de vos pays neufs, donnerait un démenti formel aux affirmations de cette nombreuse École, qui considère sa végétation comme incompatible avec l'évolution nouvelle, imprimée à la marche des sociétés par l'invasion des idées modernes.

Quoi qu'il en soit, de même que pour conserver à nos vieux plants d'Europe la vigueur et la fécondité qui faisaient notre richesse et notre orgueil, nous avons dû les hanter sur les souches sauvages de votre vigne indigène.

Ainsi, en greffant notre vieux rameau, si fructifère, mais peut-être un peu anémié de l'hérédité du pouvoir, sur votre jeune tronc démocratique, dont la végétation si exhubérante a eu jusqu'ici (passez-moi cette expression trop technique, mais qui rend bien ma pensée) de la peine à se mettre à fruit, vous aurez acquis, devant l'histoire, le mérite incontestable d'avoir inauguré les premiers, la forme de gouvernement qui sera le dernier mot de l'Avenir :

Des républiques indépendantes et gardant chacune sa constitution et son pouvoir électif, mais groupées en une fédération puissante, sous la garde d'un vice-président héréditaire, investi de la double mission :

D'abord, d'assurer à chacune d'elles, par l'efficacité de son contrôle désintéressé et impartial, le jeu régulier de ses institutions démocratiques ;

Et ensuite, de faire bénéficier votre politique extérieure, de cette fixité d'orientation, de cette unité de vues, de ce respect des traditions, apanages exclusifs des pouvoirs héréditaires, et qui apporteraient dans vos rapports internationaux des garanties de paix et de durée, que l'arbitraire et l'instabilité de vos pouvoirs électifs ne nous avaient jamais permis, jusqu'à ce jour, d'offrir aux puissances étrangères.

Au résumé, votre vice-président héréditaire ne serait guère plus qu'un ministre des affaires étrangères inamovible !

Si je n'écoutais que mon zèle et mon désir de vous être utile, Illustres Seigneurs, je ne me lasserais pas de vous apporter des arguments nouveaux, en faveur de la thèse que je soutiens.

Malheureusement, il en est des crises sociales comme des maladies morales et physiques. La difficulté n'est pas tant de trouver le remède héroïque qui doit les guérir, que d'inspirer au malade la confiance en ce remède et la volonté de l'employer.

J'ai répandu dans vos esprits, pour obéir à ma conscience, la semence de ce que je crois être pour vous la vérité rédemptrice !

Vous seuls, maintenant, êtes en possession du pouvoir efficace de faire germer cette semence.

Mon rôle est fini.

Le vôtre commence.

Car vous avez un sentiment trop complet des responsabilités qui vous incombent vis-à-vis de votre conscience, de votre pays et de l'histoire, pour rejeter de parti pris, et sans l'avoir suffisamment étudié, un moyen infaillible de salut, découvert, je tiens à vous le répéter encore une fois, à l'aide du simple bon sens, des principes les plus élémentaires de la logique et de l'équité, et de l'expérience des faits.

Ah, s'il m'était donné de rendre sensible à vos regards, la vision paradisiaque de l'avenir que je porte dans mon âme !

Ah, si je pouvais vous découvrir, comme je la vois moi-même, cette longue période de paix, de prospérité et de gloire, dont l'âme reconnaissante de Colomb va vous favoriser !

Mais, puisque l'infériorité de ma parole ne peut faire passer en un instant dans vos esprits l'ardeur de mes désirs, la chaleur de mes convictions, qu'il me soit permis, du moins, avant de me séparer de vous, peut-être pour toujours, de vous laisser, comme adieu suprême, la mesure de la foi que je porte en mon idée :

Du haut de cette tribune,

Dont vous m'avez facilité l'accès avec tant
de bienveillance !

Du sein de cette assemblée,

Où se presse l'élite des citoyens de l'Équateur,

A la face du monde,

Dont les regards ne peuvent plus se détacher
de votre hémisphère, depuis qu'il attend avec
anxiété le résultat de l'expérience que vous
allez tenter,

Je jette un défi solennel :

A tous les diplomates de carrière,

A tous les hommes d'État, en fonctions ou
en disponibilité ;

A tous les Richelieus, les Ximénès, les Met-
ternichs, les Gorstchakofs, les Cavours de notre
fin de siècle,

A tous les penseurs,

A tous les savants,

Qui usent leurs jours et leurs nuits à l'étude
des problèmes politiques et sociaux,

Et de toute la force de mes poumons

Je leur crie :

Trouvez donc pour l'Espagne la combinaison qui lui donnera le moyen de conserver la
possession de Cuba !

Élaborez donc, pour les républiques du Sud-Amérique, la constitution qui mettra un terme aux convulsions politiques dont elles meurent depuis leur naissance !

Découvrez donc une fiction,

Inventez donc une abstraction,

Qui soient l'aimant et le ciment de cette fédération, indispensable à leur avenir et à l'équilibre américain !

Et si le mutisme obstiné, preuve non équivoque de l'impuissance radicale en l'espèce,

De tous ces illustres professionnels,

Inspire à Vos Seigneuries la patriotique résolution d'utiliser enfin la ressource suprême que je leur apporte,

Et que cette héroïque tentative

Ne réalise pas

Toutes les espérances que j'avais éveillées,

Ne confirme pas

Tous les résultats que j'avais prédits,

Alors . . . .

Mais alors seulement,

Vous aurez le droit et le devoir

De qualifier de remède de bonne femme

Mon ferment de régénération,

De transformer en oripeau carnavalesque

Mon drapeau sacré du pouvoir héréditaire !
D'estimer le plus inepte des préjugés,
La plus grossière des superstitions
Mon culte raisonné pour la mémoire de Colomb,
De tenir enfin, pour :
. Le plus obstiné des utopistes,
Le plus naïf des illuminés,
Le plus sinistre des mystificateurs,
Le plus audacieux des imposteurs,
Le plus impudent des aventuriers,

Votre serviteur

El Amigo de la Paz

Paris. — Imp. PAUL DUPONT, 4, rue du Bouloi, 1308.8.96,

www.ingramcontent.com/pod-product-compliance
Ingram Content Group UK Ltd.
Pitfield, Milton Keynes, MK11 3LW, UK
UKHW021134140726
13695UKWH00004B/1880